AF461393

# LE MARIOTYPE

OU

## ART DES IMPRESSIONS PAR LA LUMIÈRE

## INITIATEUR POUR TOUS

A. MARION



1873

**Prix : 1 franc.**

MARION Fils & GÉRY

PARIS, 14, CITÉ BERGÈRE.

# AVIS

—

Nous publions cet initiateur, que notre regretté père préparait quand la maladie a interrompu les travaux auxquels il se livrait et nous l'a enlevé.

Sans prétendre continuer son œuvre, nous ne cesserons point cependant la fabrication des papiers et produits préparés dans ses ateliers de Courbevoie, d'après les formules qui lui étaient particulières.

Les papiers mixtionnés pour les procédés au charbon, qui ont été l'objet de ses études de prédilection, seront continués par nous avec le même soin qu'il eût porté lui-même à leur préparation.

Nos clients seront donc assurés de trouver dans nos magasins de la cité Bergère, 14, les produits nécessaires aux procédés mentionnés dans cette brochure.

MARION fils et GÉRY.

# AVERTISSEMENT

Ce petit opuscule n'est pas encore le catalogue initiateur que nous publions ordinairement au début de l'année. Ce catalogue est retardé jusqu'à ce jour par mille causes indépendantes de notre volonté, et par l'étude de nouveaux procédés qui, reposant sur des bases plus ou moins vraies, plus ou moins spécieuses, semblaient de prime abord devoir nous donner de magnifiques résultats. L'expérience de tous les jours n'a point confirmé nos espérances ; aussi, sans toutefois abandonner nos recherches dans cette voie, croyons-nous devoir retarder la publication de ces procédés jusqu'à ce que nous obtenions des résultats réguliers et par des formules plus précises. C'est pourquoi nous avons cru devoir revenir à notre premier titre : *Initiateur pour tous*, qui rend mieux le but de ce modeste travail destiné à vulgariser les moyens les plus simples d'impression par la lumière, en se servant des papiers que nous préparons.

A. Marion.

# LE MARIOTYPE

OU

# ART DES IMPRESSIONS PAR LA LUMIÈRE

---

## INITIATEUR POUR TOUS

---

## I.

### Boîtes Mariotypes.

Les boîtes garnies de tout ce qu'il faut pour imprimer par la lumière sont de différentes sortes, et chacune d'elles est appropriée à un mode opératoire spécial.

L'essai que nous avons fait l'année dernière de ce système d'initiation pour la méthode au ferro-prussiate, épreuves bleues, a recruté des adeptes nombreux à cet intéressant moyen d'impression et nous a inspiré le désir d'en agrandir le cadre et multiplier les méthodes.

Elles sont au nombre de deux :

| | | |
|---|---|---|
| *Le mariotype* | F P | Les lettres indiquant la méthode |
| *Le mariotype* | B | opératoire à employer (1). |

---

(1) Voir pages 8 pour FP, et 15 pour B.

Les boîtes de l'année dernière qui continuent à se fabriquer cette année sont :

*La petite imprimerie mariotype,*
*L'atelier du petit photographe.*

Nos boîtes, faites en vue d'une initiation pratique, n'ont pas besoin d'élégance; nous n'avons pas voulu cependant qu'elles en fussent totalement dépourvues. Nous croyons les présenter au public sous forme assez séduisante pour captiver l'attention, flatter la vue, et constituer un cadeau qui fera autant de plaisir à donner qu'à recevoir,

Si après essai on reconnaît l'insuffisance des dimensions de l'appareil, la dépense ne sera pas perdue car la boîte acquise servira à faire des heureux dans sa famille ou chez ses amis. Dans ce cas, on remplacera la boîte par un petit matériel de pièces détachées pouvant répondre à tous les besoins, soit comme dimension, soit comme disposition, pour atteindre la perfection et le fini du travail. Peut-être y aura-t-il là le point de départ d'une entreprise sérieuse et de quelque importance.

Beaucoup d'administrations de chemins de fer et de grandes usines ont adopté déjà ce mode d'impression pour la reproduction des plans et dessins devant être produits à plusieurs exemplaires. La fidélité de ces copies mécaniques par l'effet de la lumière défie le travail à la main du copiste le plus habile, car il ne permet pas la moindre erreur.

Les ingénieurs, architectes et dessinateurs en tous genres y trouvent un puissant moyen d'abréger leur travail et de diminuer le nombre de leurs employés.

Notre petit appareil de poche, pour prendre des vues et au besoin faire des portraits, est aussi un charmant cadeau à faire à la jeunesse. Le père qui voudrait procurer à son enfant une distraction utile et instructive ne peut faire un meilleur choix. (Voir chapitre IX, page 43.)

---

# II.

## Papier au Ferro-Prussiate.

Ce papier offre le moyen le plus facile, le plus économique et le plus rapide de reproduction par la lumière des dessins, impressions ou écritures. Il est tout sensibilisé et prêt à être exposé au jour sous le sujet à reproduire ou cliché.

L'instruction pourrait se résumer à ces quelques lignes : Pour reproduire un dessin, un manuscrit, etc., on applique dans un châssis, le côté coloré d'une feuille de papier au ferro-prussiate contre le dessin original ; on expose le tout à la lumière pendant un temps convenable, quelques minutes au soleil, une heure ou deux à l'ombre et même plus si le temps est couvert ; on lave ce papier dans l'eau ordinaire, on le rince, on le sèche, c'est là toute l'opération.

Le sujet original doit être, autant que possible, exécuté sur papier pelure, papier calque, papier ciré ou mariotypes glacés, afin de se laisser facilement traverser par la lumière. Si le dessin ou l'impression étaient exécutés sur papier trop épais, ou si le tracé n'était pas assez opaque, les traits de la reproduction se ressentiraient de ces imperfections, quelque exact que fût le contact au châssis-presse. Ce châssis consiste en une glace sur laquelle, par l'action de ressorts faisant pression sur une planchette convenablement disposée, on obtient la pression parfaite du papier sensible contre le cliché. Cette planchette est formée de deux ou trois parties se repliant comme un volet brisé, et permettant à l'opérateur de suivre exactement les modifications de la couche sensible, sous l'action lumineuse, et d'arrêter cette action au moment convenable, c'est-à-dire de limiter le temps de pose.

Ce temps de pose dépend de l'intensité de la lumière, de la transparence du papier sur lequel est fait le dessin original, et aussi de l'opacité des traits. Avec un beau soleil, le papier mariotype F P est impressionné en quelques minutes. Dans tous les cas, il faut que le papier ait dépassé la teinte bleu-gris, pour obtenir une épreuve qui, après lavage, donne une reproduction assez colorée.

Avec de l'encre tout à fait opaque, si le dessin et le papier photographique sont bien appliqués l'un contre l'autre, le seul inconvénient de dépasser le temps de pose est d'avoir un ton gris-bleu pour fond.

On obtient les plus jolies épreuves avec un original tracé à l'encre bien noire, et donnant beaucoup d'opacité aux traités. Nous fabriquons dans ce but une encre spéciale: nous l'appelons encre mariotype.

Si on opère avec un cliché photographique ou un dessin gravé à la pointe sur papier mariotype, ce n'est plus le fond du dessin qui se colore, c'est le dessin lui-même. Le fond de la reproduction alors reste blanc, et les observations que nous venons de faire s'appliquent aux traits de cette reproduction.

L'appréciation approximative du temps de pose est

suffisante dans la plupart des cas, quand l'épreuve doit rester bleue ; mais lorsqu'on désire la virer au noir, il faut plus d'exactitude dans le temps de pose.

On arrive à une appréciation facile en se servant du photomètre, dont nous décrivons longuement l'usage au chapitre VIII, page 36.

Le fixage de l'épreuve se fait dans un simple bain d'eau pure. On prolonge l'immersion jusqu'à ce que les clairs du dessin soient parfaitement purs : alors on rince et on fait sécher. On peut, pour donner plus d'éclat au bleu, passer l'épreuve dans un bain additionné de quelques gouttes d'acide nitrique ou chlorhydrique.

Ce procédé, par sa simplicité, est à la portée de tout le monde.

Le papier se conservant indéfiniment, on peut l'avoir en provision. L'impression n'exigeant pas une grande surveillance, on peut, si le soleil n'est pas ardent, s'occuper d'autre chose, à moins que l'on fasse en même temps poser plusieurs dessins ; dans ce cas, il faut alors porter toute son attention à la venue des épreuves.

Ce procédé permet de se passer du concours d'étrangers pour reproduire à plusieurs exemplaires un travail qu'on désire conserver secret jusqu'au moment de le publier.

En terminant, nous signalerons quelques-unes des applications qui en ont été faites avec succès : reproductions de dessins, écriture, imprimés exécutés sur papier calque, papier pelure, toile à calquer, etc. ; lettres intimes ou commerciales d'après les originaux ou la copie, factures, acquits, feuillets de livres, cartes de géographie, tissus, dentelles, et en général de tous corps présentant une certaine transparence. Et là ne s'arrête pas le champ de ses applications : nous ne parlons que de celles que nous avons faites et qui nous ont réussi. Signalons-en une qui vient de nous être révélée par M. Arthaud, à Sernet, grand amateur de découpures sur bois. Il s'en sert pour reproduire sur papier les contours de la découpure à exécuter. Il colle sans doute le dessin sur le bois et en suit les contours avec l'instrument tranchant.

### VIRAGE AU NOIR DES ÉPREUVES BLEUES.

Nous avons dit précédemment que la pose, pour les épreuves destinées à être virées, nécessitait une exactitude plus grande pour le temps d'insolation. Nous appelons virer les épreuves leur donner, autant que possible, la teinte noire de la photographie ou des gravures. Voici comment il faut opérer.

On fait d'abord une première solution composée de :

| | | |
|---|---|---|
| Eau............ | 100 | grammes |
| Potasse ordinaire | 4 | — |

Le carbonate de soude, à la même dose, employé au lieu de potasse, donne aussi de bons résultats. L'épreuve, au sortir du châssis-presse, subit les lavages précédemment indiqués et est finalement plongée dans l'eau additionnée de quelques goutes d'acide nitrique. L'acide ajouté à l'eau donne à l'image des tons plus vigoureux, et cette vigueur se maintient lors de la transformation des teintes. On obtient cette transformation ou virage par le passage de l'épreuve dans la solution ci-dessus, eau et potasse. L'image semble s'effacer, mais ce n'est en réalité qu'un changement de nuance qui s'opère ; le bleu de l'image est transformé en une teinte rouille à peine visible à la lumière jaune du laboratoire ou de la bougie. Passer alors dans la seconde solution ci-dessous mentionnée :

| | | |
|---|---|---|
| Eau........... | 100 grammes. | |
| Tannin........ | 4 — | (1) |

L'épreuve vire au noir, mais les tons en sont ternes et sans valeur. On leur donne un certain lustre en faisant un dernier lavage à l'eau additionnée de quelques gouttes d'acide chlorhydrique. Passée enfin à l'eau claire, l'épreuve est séchée par suspension ou mieux dans un cahier de papier buvard ; c'est plus simple et plus commode.

Si on veut donner à l'épreuve des tons plus accentués présentant l'aspect d'une épreuve sur papier albuminé, on devra la passer sur une solution de gomme arabique à 10 0/0, additionnée de 3 0/0 d'alun.

Ce moyen si simple met en lumière les moindres détails du dessin et fait ressortir toute la valeur du cliché.

La couleur dont est formée l'image est celle d'une belle encre à écrire, dont elle conserve aussi l'indélébilité.

---

(1) Autre formule :

| | | |
|---|---|---|
| Carbonate de soude... | 2 | grammes. |
| Eau.................. | 100 | — |
| Acide gallique........ | 2 | — |
| Eau................... | 100 | — |
| Tannin................ | 2 | — |
| Eau................... | 100 | — |

On voit, par l'exposé du procédé, combien il est simple, pratique et peu coûteux.

Les applications en sont infinies, et si l'artiste veut s'appliquer à bien faire, il saura, par le choix de ses sujets et la disposition à donner au cliché, mettre à profit la teinte légère que prennent les fonds et les clairs, et ce qui, entre des mains inhabiles, pourrait être un défaut, deviendra une qualité entre des mains exercées et capables.

Les agrandissements ou amplifications des dessins trouvent aussi, dans ce procédé, un puissant moyen de s'affirmer sous des formes variées. Avec la teinte bleue, les épreuves peuvent servir d'esquisses; avec la teinte noire, elles peuvent rester telles ou passer sous le pinceau du peintre, pour devenir un tableau auquel on attachera le mérite de l'avoir fait soi-même. Dans ce cas, il faut passer le papier dans l'eau d'amidon afin de l'encoller et le rendre apte à mieux supporter la couleur, soit à l'aquarelle, soit à l'huile; dans ce dernier cas même, l'épreuve bleue pourrait servir.

Il y a mille moyens de distraction à chercher avec notre papier : reproductions de dessins, photographies, cartes, grands portraits, groupes, paysages, etc.

Il y a bien dans ce système une petite complication de travail, mais cette complication est facilement vaincue au moyen des autres papiers préparés et du présent initiateur qui doit être lu avec attention pour appliquer les formules avec fruit.

Si l'image que l'on veut reproduire est collée sur carton, on commence à la décoller en la plongeant dans l'eau. Quelques instants d'immersion suffisent pour la décoller; cependant, il faut quelquefois jusqu'à deux ou trois heures.

Si le dessin sur papier n'est pas assez transparent, il faut le cirer ou le huiler. A ce sujet, voir le chapitre VI, page 30, de ces notes.

Ce qui est mieux encore, c'est d'avoir le négatif sur verre, tel qu'il est employé dans les ateliers de photographie. Dans ce cas, on peut s'entendre avec son photographe ; tout portrait peut servir, quelle que soit sa dimension.

On étonnera bien ses amis intimes en faisant sous leurs yeux, et en quelques minutes, la reproduction de leurs traits d'après la carte qu'on aurait obtenue de leur générosité ou par suite d'un échange mutuel.

### ÉPREUVES NOIRES.

Si au lieu d'épreuves bleues on veut avoir de suite des épreuves noires, il faut employer la méthode décrite au chapitre VI, page 30, papier mariotype F.

---

# III.

## Papier Mariotype B.

Le papier mariotype B peut servir à créer des types ou être employé pour le tirage définitif de l'épreuve positive.

Pour faire un type, ou cliché, il faut, comme nous l'avons déjà dit, que le dessin soit fait avec une encre rendue suffisamment opaque.

Ayant donc écrit ou dessiné avec une encre bien noire, on prépare la solution suivante, maintenue très-fraîche :

| | | |
|---|---|---|
| Eau...................... | 100 | grammes. |
| Bichromate de potasse .... | 3 | — |

Dans ce bain, on plonge une feuille de papier mariotype B, en ayant soin qu'il n'y ait de bulles ni sur une face ni sur l'autre. On laisse dans le bain environ 30 secondes ; la température de la solution et de la pièce dans laquelle on opère doit être assez basse pour éviter que la couche de gélatine ne se dissolve. Si cette dissolution avait lieu, les qualités du papier seraient détruites.

Lorsque le papier est sec, ce que l'on obtient en le suspendant par un angle, on l'expose dans le châssis-presse, sous le dessin original à reproduire. L'exposition doit durer 5 à 6 minutes au soleil, plus du double à l'ombre ; si le temps est couvert, on doit encore prolonger l'exposition.

La transparence plus ou moins grande de l'original entre pour beaucoup dans la détermination du temps de pose. Quelques essais et un peu d'observation mettront facilement l'opérateur à même d'apprécier la durée d'exposition nécessaire. L'emploi du photomètre mesurant exactement l'intensité de la lumière permet de régler sûrement le temps de pose, mais cet instrument n'est pas absolument indispensable.

L'épreuve, retirée du châssis, est immergée dans l'eau chaude (à 30° cent. environ), en évitant les bulles. On laisse la couche se ramollir, puis on agite légèrement le liquide : l'image commence à se dépouiller ; on active ce développement en versant doucement de l'eau chaude sur l'épreuve, jusqu'à ce qu'elle soit entièrement nette et débarrassée de toute trace de gélatine colorée soluble. On lave à l'eau froide et on fait sécher.

Si on désire donner plus de solidité à l'épreuve, il convient de la passer dans un bain d'alun à 3 0/0. Après cette dernière opération, on lave et on sèche.

Il est bien entendu que si le dessin original est en traits noirs sur papier blanc, le résultat obtenu est un négatif (traits blancs sur fond noir) qui peut donner une copie semblable à l'original par une nouvelle opération en tout semblable à la première, en plaçant dans le châssis une autre feuille de papier sensible sur le dessin négatif.

On peut obtenir sur papier bichromaté (mariotype B) ou sur papier mariotype F P, autant de reproductions qu'on le désire.

Il est évident que la sensibilisation, le séchage et le développement doivent être faits dans une pièce faiblement éclairée par une bougie ou par la lumière du jour, tamisée par des verres ou rideaux jaunes.

Persuadé que la vulgarisation de ce procédé de photographie, aussi simple qu'intéressant, est une chose éminemment utile, nous avons réuni dans la *Boîte mariotype* B tous les objets nécessaires à la pratique du procédé.

La boîte mariotype constitue un petit meuble fort élégant qu'on peut offrir à la jeunesse, dont elle occupera agréablement les loisirs, charmera l'imagination et développera l'intelligence.

Il est entendu que, quand on se sert du papier mariotype A ou de la composition dioptique chargée d'une couche opaque pour graver dessus avec une pointe métallique ou avec une plume dure non fendue, on a de suite un cliché, et que les opérations dont nous venons de parler n'ont pas raison d'être. On ne les fait alors qu'en vue d'obtenir de suite l'épreuve positive en opérant avec le négatif dioptique.

On sait que les clairs du négatif viennent noirs sur le positif et *vice versa*; or, en se servant d'un dessin fait sur composition dioptique rendue opaque, on a de suite le cliché qui doit faire l'épreuve positive.

## IV.

### Papier Mariotype C.

Une mixtion de gélatine incolore recouvrant une feuille ordinaire constitue le papier C. Il est destiné à reproduire lithographiquement les plans, gravures, écritures, etc., dont on veut avoir un grand nombre d'exemplaires.

Ainsi que le précédent papier B, il se sensibilise au bichromate de potasse au moment de s'en servir, et après séchage, on l'expose à la lumière en contact du dessin dont on veut tirer copie. Sous l'action lumineuse, le dessin s'y trace en teinte jaunâtre. Il faut éviter de laisser voir le jour à ce papier pendant toutes les opérations que nous allons décrire, jusqu'après développement. Il faut s'éclairer d'une bougie, ou opérer dans un laboratoire pourvu de verres jaunes ; si le soleil frappait sur les vitres, un rideau de même nuance ne serait pas superflu.

En retirant le papier mixtionné du châssis, on l'enduit sur la surface gélatinée, côté du dessin, d'encre typographique. Pour que ce travail se fasse facilement et sûrement, le papier doit être supporté par une pierre lithographique ou une glace doucie, nous donnons la préférence à cette dernière. Ce travail se fait au moyen du rouleau à manche, monture métallique de l'imprimeur typographe, en passant ce rouleau chargé d'encre sur la feuille. Disons que pour que l'encre soit également répartie sur le rouleau, il faut qu'elle y soit mise sur plusieurs points et étendue en passant celui-ci à plusieurs reprises sur une ardoise ou sur une autre glace doucie.

Le rouleau étant donc bien également chargé d'encre partout, et le papier impressionné par la lumière posé sur la glace, on passe dessus à plusieurs reprises le rouleau chargé d'encre. Il est évident que l'encre s'attache partout, même là où il n'y a pas de dessin ; mais l'opération suivante éliminera le superflu de cette encre.

La feuille chargée de noir partout est plongée dans l'eau très-chaude, presque bouillante : les parties impressionnées par la lumière retiennent l'encre qui les recouvre ; les parties non impressionnées, surface gélatine, au contraire se dissolvent et entraînent l'encre. On a un dessin parfaitement venu, qu'il s'agit maintenant de reporter sur pierre. On aide au développement à l'aide d'un blaireau très-doux.

On applique donc ce dessin sur une pierre lithographique grainée et poncée, et après avoir donné un tour de presse on a le dessin du papier reporté sur la pierre dans le sens inverse de ce qu'il était ; c'est précisément ce qu'il faut, car quand on aura imprimé sur papier, l'écriture ou le dessin se trouveront redressés et on les verra dans leur vrai sens.

Quand on a transporté le dessin sur la pierre, il faut soumettre celle-ci à l'action de l'acide pour enlever à l'encre l'alcali qui est une des bases de sa composition. Voici à ce sujet ce que dit le manuel Roret, *Imprimeur lithographe*, page 171 :

« L'expérience a prouvé qu'on devait donner la préférence à l'acide nitrique, non-seulement à cause de la modicité de son prix, mais parce que son action est modérée et régulière et qu'il décape parfaitement bien.

» L'acide seul cependant est insuffisant pour préparer la pierre, pour la disposer à retenir le dessin ou les écritures, et pour préserver du contact du rouleau les parties qui doivent rester blanches. Quelques substances végétales, notamment la gomme arabique dissoute dans l'eau et appliquée sur la pierre en même temps ou immédiatement après l'acide, sont indispensables pour compléter l'acidulation. »

Les parties encrées resteront en relief, et grâce à l'application du principe gras qui a de l'affinité pour l'encre d'impression, cette impression se fait aisément par les procédés ordinaires de l'art de l'imprimeur, au sujet duquel on peut consulter le manuel Roret dont nous venons de donner un faible extrait. Si le dessin qui a servi d'écran est noir sur fond blanc, on a sur le papier la reproduction d'un dessin blanc sur fond noir. Ce dessin étant mis en contact à son tour avec une autre feuille mariotype C et exposé à la lumière, donne une épreuve inverse et identique à l'original, mais comme nous l'avons déjà dit, quand on fait le cliché en gravant sur le papier mariotype A on évite ce double travail. Ce dessin étant alors reporté sur pierre lithographique, on peut donner, par l'impression, un grand nombre d'exemplaires. C'est le mode à employer quand on désire une reproduction rapide et multipliée. On aura, au contraire, plus d'avantages à employer le moyen décrit au chapitre précédent quand on n'aura besoin que d'un nombre restreint d'épreuves. N'omettons pas de dire que pour encrer le papier impressionné par la lumière, il faut qu'il repose sur une ardoise bien plane telle que celles de nos boîtes mariotypes C. Nous donnons ci-joint un spécimen obtenu par ce procédé reporté sur pierre et cliché ensuite par la paniconographie, et pouvant alors s'imprimer avec le texte du livre ainsi qu'il a été fait pour cette épreuve.

Il ne faut demander à ce procédé que des traits, des lignes, des hachures ; il serait impuissant à rendre les demi-teintes de la photographie.

---

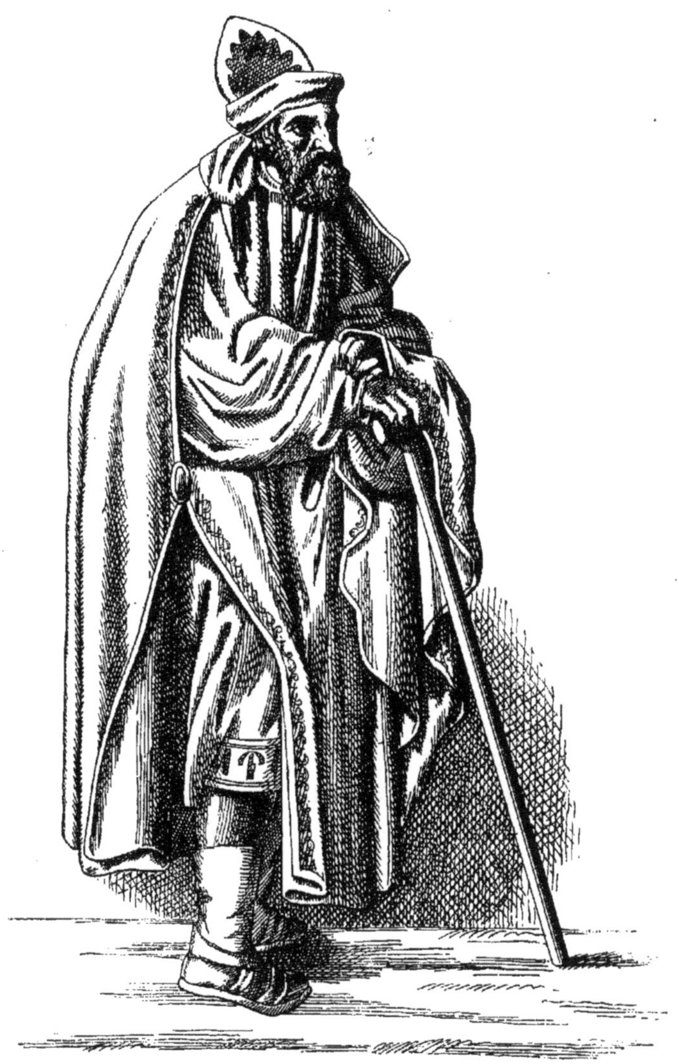

## V.

### Mariotype D pour impressions à l'encre grasse.

Le papier mariotype D est composé d'une mixtion gélatinée spéciale d'un blanc mat, se conservant indéfiniment dans un endroit sec et aéré. C'est une pellicule de gélatine qui doit, par les opérations que nous allons décrire, être gravée par la lumière et servir de planche pour imprimer dessus.

Le blanc mat de notre mixtion offre un avantage considérable en ce sens que, tout en donnant le maximun de finesse à l'épreuve, il en assure l'encrage et le tirage facile sur le type même. En effet, le dessin sur fond blanc mat se distingue dans ses plus minutieux détails sous les yeux de l'imprimeur qui, reconnaissant immédiatement ce qu'il peut y avoir d'imparfait dans son travail, peut corriger et ne tirer qu'alors qu'il est sûr d'être arrivé à un encrage parfait; l'épreuve apparaît sur la mixtion telle qu'elle va ressortir sur le papier après pression donnée avec la presse.

On commence par sensibiliser le mariotype D au bichromate de potasse à 3 0/0.

Entrons dans quelques détails pour arriver à une sensibilisation parfaite.

Mettre une glace doucie spéciale, lavée, au fond de la cuvette garnie du bain sensibilisateur et y plonger la pellicule coupée à la dimension voulue en évitant les bulles ; deux minutes d'immersion sont suffisantes, un peu plus n'aurait pas d'inconvénient. On retire alors la pellicule appuyée contre le côté douci de la glace. L'une et l'autre sont ruisselantes de liquide, et avec la râcle en caoutchouc on en enlève l'excès et chasse les bulles ; — le séchage de la pellicule laissée sur la glace est un peu plus long, mais aussi elle reste plane, unie et facile à impressionner ; le séchage par suspension, en retirant la pellicule du bain et la suspendant, est plus rapide, mais il a l'inconvénient de laisser s'arrêter des gouttelettes d'écoulement qui font taches sur la pellicule et sont fatalement reproduites sur le type et sur les épreuves qu'on en tire.

On impressionne la pellicule D sous le cliché, le dessin s'y forme, et on peut suivre *de visu* la marche du tirage. Il est suffisant quand le dessin y est formé en tons jaunes (environ 10 degrés du photomètre renforcé).

Après le premier impressionnement sous le cliché, il faut impressionner la pellicule par son envers sur toute sa surface, non-seulement pour lui donner la résistance nécessaire pour supporter les mouillages et la pression qu'elle va subir, mais aussi pour atténuer les creux du dessin et les réduire autant que possible à une profondeur pénétrable à l'encrage.

On ne peut parvenir à un impressionnement convenable et de juste l'épaisseur voulue de l'envers du dessin sans un guide. On doit donc opérer de la manière suivante :

On se réserve deux carrés de la mixtion D, bichromatée de 2 ou 3 centimètres d'étendue; on les place l'un sur l'autre dans un châssis, sous un papier noir percé à jour. On porte ce châssis à la lumière en même temps que le châssis dans lequel on a placé le type qu'il faut impressionner par son envers; mais on a recouvert celui-ci d'une feuille de papier pelure, destinée à intercepter légèrement la lumière et retarder un peu l'insolation.

Il est évident que la lumière actinique traversera plus vite la pellicule sans écran percée d'un trou que celle avec écran, et que, quand l'action lumineuse se sera fait sentir sur la seconde pellicule à l'endroit du trou, il sera temps d'arrêter l'insolation; on aura le maximum de semelle cornée qui est nécessaire au type pour assurer sa résistance aux mouillages et aux pressions.

Le support métallique dont nous avons parlé doit être couvert d'une couche de caoutchouc liquide. Quand cette couche est sèche, on plonge en même temps dans l'eau froide la plaque et le type, on les amène en contact, et avec la râcle on assure l'adhérence.

On laisse tremper quelque temps dans l'eau froide, pour débarrasser la pellicule de tout excès de bichromate et gonfler la surface gravée de la mixtion; on a ainsi un type solidement fixé et prêt à supporter des tirages nombreux.

Dans cet état, l'image étant développée, visible dans tous ses détails, on fixe à l'alun à 3 0/0, et on peut procéder au tirage par les trois moyens d'impression suivants :

1° Tirage direct sur gélatine ;

2° Report sur pierre lithographique ;

3° Report sur cuivre ou zinc.

### TIRAGE DIRECT DES ÉPREUVES SUR GÉLATINE, AU MOYEN DES ENCRES GRASSES.

Comme nous venons de l'indiquer, nous avons notre pellicule de gélatine parfaitement fixée sur son support métallique et impressionnée.

Toutes les parties du dessin non impressionnées par la lumière se sont gonflées dans l'eau, elles restent hygrométriques ; tandis que les parties impressionnées formant les creux ont subi l'effet contraire : elles repoussent l'eau.

C'est sur ces données d'attraction et de répulsion de l'eau par la gélatine, selon son état d'insolation, qu'est basé le principe de l'impression à l'encre grasse sur la pellicule de gélatine, Il est évident que là où il y a attraction de l'eau par la gélatine, l'encre ne prendra pas, tandis que là où il n'y aura pas d'eau absorbée, l'encre grasse prendra, et que le rouleau y déposera une couche de noir proportionnée à l'état d'insolation de la pellicule.

Avant d'encrer, on devra mouiller la pellicule avec une éponge. On enlève l'excès d'humidité avec un buvard ou mieux encore avec la râcle. Si on négligeait de mouiller la plaque avant d'encrer, l'encre prendrait partout et on aurait une tache noire sur toute l'étendue.

L'encre grasse s'étend sur la plaque au moyen d'un

rouleau de composition spéciale servant aux imprimeurs typographes, et l'encre employée dans cette industrie est aussi celle qui convient à notre procédé.

Si on veut avoir un dessin d'une grande vigueur de tons, il faut faire usage de deux espèces d'encres, l'une épaisse, l'autre légère, et opérer par conséquent deux encrages sur la même forme. La teinte épaisse pour le deuxième encrage est d'un très-bon effet.

Pour le tirage des épreuves, on se sert soit de papier ordinaire, soit de papier porcelaine mat ; ce dernier, pour le cas où l'on veut des épreuves vigoureuses.

Il ne reste plus alors qu'à poser la feuille de papier et à mettre en pression. Pour obtenir des épreuves parfaitement nettes et toutes montées, il faut découper en papier mince mais solide une cache convenable que l'on pose sur les marges de la gélatine encrée ; on la recouvre du papier destiné à l'impression et on presse. On évite ainsi toute maculature sur les marges du dessin.

## REPORT SUR PIERRE LITHOGRAPHIQUE.

On prend le papier gélatiné dans l'état où nous l'avons laissé avant d'entrer dans les détails sur l'impression directe, et après l'avoir humecté convenablement, on l'encre comme précédemment, en employant l'encre à report des lithographes.

Appliquant alors le côté encré du papier sur la pierre lithographique, on presse. Il ne reste plus alors qu'à ronger la pierre à l'acide et l'impression rentre alors dans le domaine de l'art lithographique au sujet duquel on fera bien de consulter le manuel Roret.

### GRAVURE SUR ZINC.

Dans ce cas, au lieu de faire le transport sur pierre lithographique, on le fait sur plaque métallique, et, au moyen de la paniconographie, on grave cette plaque, qui, dans ce cas, est confiée aux soins du spécialiste en ce genre. On obtient par cette méthode des clichés typographiques très estimés et qui peuvent tirer avec le texte d'un livre et servir à l'illustrer de dessins, vignettes, etc.

Il faut dire que, quand on tire sur la gélatine même, l'image est renversée, mais que si ce tirage est fait après report sur pierre lithographique, cette image est redressée. Il en est de même dans le cas du report sur zinc.

Il faut donc, quand on tire sur la gélatine, avoir recours au renversement du cliché. Il y a divers moyens d'y parvenir :

1° En tirant le négatif à la chambre noire à travers la glace ;

2° En se servant de la glace parallèle se plaçant à la tête de l'objectif.

## VI.

### Papier mariotype F à l'arrow-root.

Avec ce papier au sel d'argent, d'une grande sensibilité, on obtient par contact au châssis-presse des épreuves très-vigoureuses. Ces épreuves sont, selon le type employé, positives ou négatives : positives si on a employé un négatif ; négatives si on a employé un positif, bien entendu, et ces épreuves sont d'autant plus vigoureuses que le type employé est lui-même de tons bien accentués. C'est pourquoi, autant que possible, on doit employer des négatifs sur verre ou au moins des négatifs sur papier d'une grande intensité de tons; on peut, en nous envoyant une image quelconque, nous charger de la confection de ces négatifs, ou ce qui serait mieux encore, s'adresser au photographe de sa localité pour lui faire sa commande.

Quand on emploie le papier mariotype F, destiné à servir de cliché, on ne devra pas craindre de dépasser le temps de pose, c'est-à-dire que, quand l'épreuve aura atteint le degré d'intensité convenable pour être vue par réflexion, il faudra encore pousser à l'impressionnement, parce que cette épreuve, avec son excès de pose, ne sera que bien quand on la regardera par transparence ; on aura ainsi un cliché apte à donner de bonnes épreuves positives, ou une positive capable de fournir de bons négatifs. Le papier mariotype F a cet avantage de rendre le dessin non pas seulement à la surface du papier, mais dans toute son épaisseur, qualités bien essentielles à la reproduction et satisfaisant à toutes les exigences d'un bon cliché ; ce qui n'empêche pas qu'il soit très-avantageusement utilisé pour les tirages courants au sel d'argent, mais alors on tire plus faiblement l'épreuve.

Quand l'épreuve sort du châssis, elle est fugace ; il faut la fixer, mais avant ce fixage il faut la virer, c'est-à-dire lui donner des tons chauds et vigoureux ; à cet effet, on emploie le bain suivant :

| | | |
|---|---|---|
| Dans un flacon, mettez eau distillée.......... | 500 | grammes. |
| Acétate de soude fondu...................... | 25 | — |
| Dans un autre flacon, eau distillée ........... | 500 | — |
| Chlorure d'or brun......................... | 1 | — |

Mélangez et laissez reposer 5 à 6 heures.

On plonge l'épreuve dans ce bain, on en suit l'action ; quand elle a atteint une belle coloration, on la fixe.

Le fixage se fait dans un bain d'hyposulfite de soude à 20 0/0 ; on reconnaît que l'image est fixée quand le ton jaune et le grenu du papier, vu par transparence, a disparu et qu'il est bien net.

On lave à plusieurs eaux afin de ne pas laisser d'hyposulfite dans la texture du papier et, finalement, on suspend le dessin pour le faire sécher.

Quand l'épreuve est sèche, il faut, pour qu'elle puisse servir de cliché, lui donner de la transparence ; cette transparence s'obtient au moyen d'un tampon de coton imbibé d'huile de lin et passé sur toute l'étendue de l'image posée sur une glace. L'excès d'huile est enlevé en plaçant le dessin entre deux feuilles de papier buvard et en frottant fortement avec la main droite, pendant que de la main gauche on maintient en place buvard et dessin. Le papier ainsi huilé a pris une grande transparence et l'image, soit positive, soit négative, est devenue apte à toute espèce de tirage, soit par contact au châssis, soit autrement. On peut ne pas huiler ni cirer le papier, mais la venue du dessin est plus longue à se produire.

Des clichés papier ainsi obtenus sont avantageusement employés à l'obtention par contact des matrices pour les impressions mariotypes avec la pellicule D, ou pour les agrandissements en plaçant ces négatifs à l'orifice de l'objectif.

Ce papier se conservant indéfiniment, on peut l'avoir en provision pour toutes espèces de tirage, positifs ou négatifs, en prolongeant plus ou moins la pose selon la destination à donner au dessin.

---

## VII.

### Collodion photographique.

Quoique le collodion photographique n'ait pas sa place marquée ici d'une façon absolue, nous voulons néanmoins lui consacrer quelques lignes et dire que sa fabrication occupe une certaine place dans nos ateliers, non-seulement à cause des clichés, mais aussi en vue des pellicules dont nous avons eu l'initiative comme fabrication sérieuse. Ces pellicules minces et transparentes ont de nombreux emplois en photographie.

Nous nous attachons surtout à faire des collodions iodurés très-sensibles et se conservant aussi longtemps que possible; nous avons du collodion normal toujours préparé à l'avance, avec la liqueur sensibilisatrice dans des flacons à part, dont on opère le mélange seulement quelque temps avant de s'en servir. Ce collodion, préparé pour les longs voyages, est précieux dans chaque occasion où on retarde de s'en servir.

Quoique la base des collodions photographiques soit toujours la même, les formules pour leur préparation sont tellement nombreuses et variées qu'on est souvent embarrassé sur le choix de ces produits auquel on doit donner la préférence. Il est évident que cela dépend beaucoup du genre de travail que l'on fait, c'est ce qui nous a décidé à en avoir de plusieurs espèces en dehors de celui que nous fabriquons, et à accepter le dépôt des collodions anglais de M. Sutton qui jouissent en Angleterre d'une grande et juste réputation.

Nous les mettrons en parallèle avec le nôtre en disant : Voyez, essayez, comparez et jugez.

Tout le monde connaît la supériorité des vernis photographiques anglais. Nous avons le dépôt de celui que fabrique M. Sutton, et nous pouvons dire qu'il remplit toutes les conditions d'un produit irréprochable : dureté, ténacité, transparence.

---

## VIII.

### Épreuve positive au Charbon par simple transport.

*Sensibilisation du papier mixtionné.* — Nous avons reconnu que la sensibilisation du papier mixtionné devait se faire dans une dissolution de bichromate de potasse à dose assez forte pour que les demi-teintes du dessin résistent mieux à l'action de l'eau chaude; nous conseillons donc un bain bichromaté à 3 0/0 et recommandons d'exposer toujours à la lumière diffuse : on obtiendra ainsi beaucoup plus de douceur au dessin.

Nous penchons à accorder au papier sensibilisé au bichromate de potasse une disposition à mieux se conserver. Nous employons donc de préférence ce sel à celui à base d'ammoniaque, d'abord par cette raison de conservation plus grande, et par cette autre raison non moins puissante que le premier est meilleur marché que le second.

Le papier mixtionné est donc plongé en feuilles entières ou par fragments, selon les besoin, pendant trois minutes, dans la dissolution de bichromate (1), la mixtion en dessous ; puis après avoir retourné le papier et s'être assuré qu'il ne s'est pas formé de bulles d'air ou avoir chassé celles qui auraient pu se produire à sa surface, on enlève la feuille fixée par deux fortes épingles sur une baguette *ad hoc* armée

(1) Par les chaleurs de l'été il vaut mieux faire la solution à 2 1/2 0/0.

d'un tenon à son extrémité, servant à la ficher au mur pour la sécher.

On est quelquefois obligé de recourir au refroidissement du liquide en le mettant quelque temps à la cave, et, au besoin, en l'entourant d'eau ammoniaquée (sel d'ammoniaque).

Dans les temps chauds, le papier qui serait sensibilisé le soir dans une pièce très-chaude, le lendemain serait racorni. Il faut se tenir en garde contre la chaleur excessive de l'été et s'en préserver autant que possible. On doit, pour cette raison, préférer l'eau de puits ou de source à toute autre.

Les papiers sensibilisés le soir par les temps de moyenne chaleur sont généralement bons à impressionner le lendemain.

Il est entendu que l'opération de la sensibilisation s'effectue à la lumière jaune du laboratoire ou dans une pièce obscure éclairée par une simple bougie.

Nous avons pu remarquer que le papier sensible se conservait bon pendant quelques jours, mais qu'il perdait de sa qualité en vieillissant ; il est prudent de ne pas en préparer pour au delà de trois à quatre jours et, mieux encore, le préparer le soir pour l'employer le lendemain.

Le papier bichromaté étant beaucoup plus sensible que celui au chlorure d'argent, il faut, pour ne pas commettre d'erreur, porter toute son attention à la marche de coloration de la bande photométrique sous l'échelle translucide de l'instrument dont nous allons parler et indiquer la manière de s'en servir pour régler la pose.

Si on doutait de la sensibilité d'un papier préparé

depuis quelques jours, il serait facile de s'assurer de sa qualité en en plongeant un morceau dans l'eau chaude ; la solubilité de la gélatine serait une preuve du bon état de conservation du papier.

PHOTOMÈTRE SERVANT DE GUIDE POUR TIRAGE DES ÉPREUVES POSITIVES AU CHARBON.

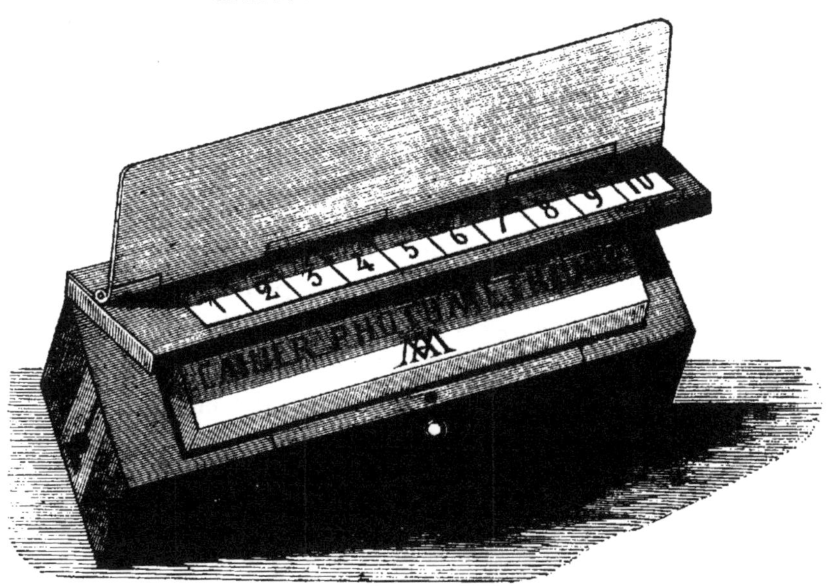


Un guide pour mesurer l'action de la lumière et pour diriger l'opérateur, dans le temps de pose convenable pour le tirage des épreuves au charbon, est indispensable en ce sens que l'on ne peut pas suivre directement la venue de l'image, ainsi que cela se pratique pour les tirages au chlorure d'argent. On ne peut faire l'observation des progrès de l'impression qu'indirectement, sur un photomètre spécial garni de papier sensible au sel d'argent et exposé à la lumière simultanément avec le papier bichromaté destiné à reproduire l'épreuve et soumis à l'action lumineuse.

L'action que la lumière produit sur le papier au chlorure d'argent est la base sur laquelle repose la théorie de l'instrument imaginé par M. Vogel.

Quand le papier sensible est exposé en contact avec l'échelle translucide dont il est pourvu, il se colore sous l'action des rayons lumineux. C'est d'après cette coloration sous l'écran gradué et numéroté que se trouve déterminée la durée d'exposition.

On doit apprécier la venue de l'image par l'examen du papier sensible dans ses teintes les plus légères, faciles à distinguer; mais quand la couleur a dépassé la teinte la plus faible, s'approche du bistre ou de toute autre couleur foncée, il est difficile, pour ne pas dire impossible, de distinguer de façon à en tirer parti les nuances multiples de coloration de la bande sensible. Ce ne sont donc pas les nuances qui doivent guider, mais les deux ou trois teintes légères du degré photométrique noté, le seul à observer, et arrêter là le plus haut degré d'impression, puisque là seulement est aisée l'appréciation d'une pose suffisante et non dépassée.

La surface sensible dans le photomètre est placée dans les mêmes conditions que le papier mixtionné sensible dans le châssis-presse : l'action simultanée de la lumière sur les deux surfaces indique par l'une ce que doit être l'autre. En d'autres termes, le degré de coloration visible de l'une indique le degré d'oxydation invisible de l'autre, et si la notation photométrique du cliché exposé est juste, la pose est juste aussi.

L'instrument le plus simple dans la forme, le moins compliqué dans l'observation, offrant toutes les garanties possibles de précision, est sans contredit celui qui doit être préféré. Le photomètre Marion remplit ces conditions.

### EXPOSITION DU PAPIER MIXTIONNÉ A LA LUMIÈRE.

Nous avons parlé longuement du photomètre et de la manière de s'en servir pour régler la pose ; cette description ayant de la connexité avec celle que nous impose ce chapitre, il ne nous reste que très-peu de chose à dire sur la manière d'impressionner le papier mixtionné ; il nous suffit de spécifier que ce papier étant placé dans le châssis-presse sous le cliché, on en suit indirectement l'impression sur le photomètre.

L'image imprimée par la lumière sur le papier mixtionné-sensibilisé est à l'état latent ; il faut, avant de la développer, l'appliquer contre une autre feuille de papier destinée à lui servir de support, et quand, passant au développement, la gélatine colorée se sera dissoute dans l'eau chaude et que le véhicule aura abandonné l'image au papier de support, le principal de l'opération sera fait.

Voici la manière de procéder :

*Collage des deux papiers.* — Plonger le papier albuminé coagulé dans l'eau, l'albumine en dessus ; éviter qu'il ne se produise des bulles à la surface ; introduire doucement dans la même eau le papier impressionné, la mixtion en dessous ; bien s'assurer qu'il ne s'est pas formé de bulles d'air aux deux papiers. Les bords du papier mixtionné tendent d'abord à se rouler en dedans, mais bientôt ils s'étendent et n'opposent plus de résistance à la pression des doigts ; c'est à ce moment précis, sans attendre qu'ils se roulent en sens inverse, qu'il faut les enlever de l'eau, réunis l'un contre l'autre face à face ; les étendre contre une glace horizontale, placée dans une cuvette plus grande que la glace, et, avec la râcle en caoutchouc passée légèrement sur les papiers réunis, chasser l'excès d'eau et les bulles qui auraient pu se former. Par le fait de l'élimination de l'eau et des bulles il y a attraction et adhérence parfaite entre les deux papiers.

Avec nos nouveaux papiers à la mécanique en longueur de 10 mètres, cette résistance de la gélatine n'existe pas, mais leur bon marché et le travail mécanique ne nous permettent pas de faire au goût de chacun; il faut que l'on s'arrange de la seule nuance que nous faisons ou employer les mixtions à la main.

*Développement de l'image.* — Au bout d'un temps convenable, retirer les papiers et les plonger dans l'eau chaude. Inutile que cette eau soit à plus de 30° à 35° centigrades; avec de l'eau à cette température et même au-dessous, on arrive à développer convenablement les images.

Au bout de quelques minutes, sous l'influence de l'eau chaude, la gélatine se dissout; on s'en aperçoit quand la mixtion colorée s'épand par les bords du papier. La feuille mixtionnée étant alors enlevée de dessus la feuille albuminée ou gélatinée, elle entraîne la matière colorante en excès et abandonne l'image au papier de support.

*Fixage des épreuves.* — Quand le développement est terminé, les épreuves sont passées à l'eau froide, puis dans un bain d'alun à 3 0/0 pour les fixer; elles y doivent rester 8 à 10 minutes environ.

Lavées de nouveau à l'eau froide, elles sont étendues pour les faire sécher, car alors elles sont terminées et prêtes à être montées sur bristol.

### VITRAUX PHOTOGRAPHIQUES AU CHARBON.

Notre initiateur serait incomplet si nous ne parlions pas des épreuves photographiques sur verre.

Notre tâche sous ce rapport sera d'autant plus facile que la sensibilisation et l'insolation du papier mixtionné sous le cliché restent les mêmes, quel que soit le support à donner au dessin.

Au lieu donc de coller le papier mixtionné contre un support-papier, on le colle sur le verre ; il adhère avec autant de facilité sur l'un que sur l'autre, et s'il y a une différence entre les deux supports, elle est en faveur de celui à surface plane et rigide, l'adhérence du papier mixtionné s'y fait mieux. Le développement et le fixage se font de même qu'il est indiqué pour le papier.

Ce procédé permet de faire des positifs sur verre, précieux pour le stéréoscope.

Toute surface plane et rigide, bois, ivoire, métal, carton, se prête à ce système d'impression à la gélatine colorée.

Nota. — Nous rappelons cet ancien procédé parce que, dans certains cas, il pourra guider dans l'exécution des nouveaux moyens à l'ordre du jour, sensibilisation, collage, développement, etc.

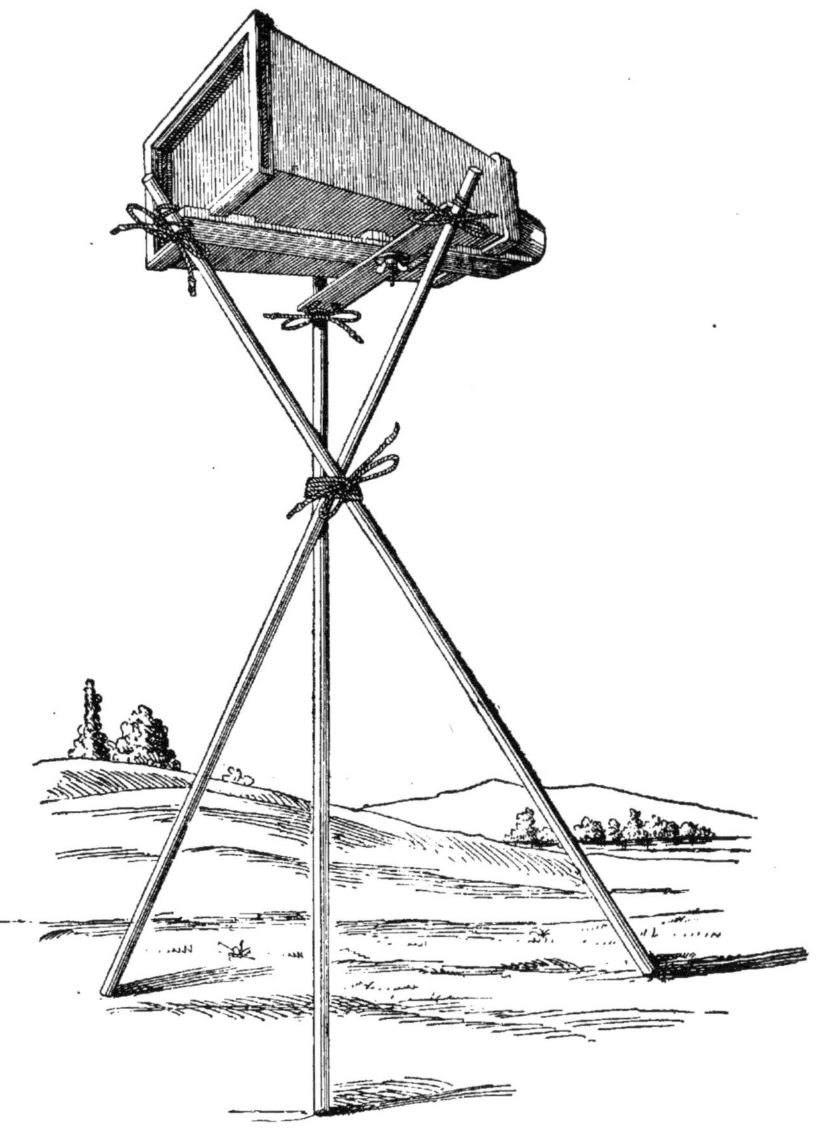

# IX.

## APPAREIL DE POCHE

BREVETÉ S. G. D. G.

## POUR OPÉRER SUR PAPIER CIRÉ SEC

### CHAMBRE NOIRE.

L'appareil de poche que nous construisons est le plus léger qui ait été fait jusqu'à ce jour, et très-solide malgré cela ; il pèse moins de 350 grammes, objectif compris, et, replié sur lui-même, il forme un parallélipipède de 17 × 13 × 03, qu'on peut facilement loger dans la poche. Il donne des épreuves de 14 × 10.

Le pied de campagne, formé de tubes rentrant les uns dans les autres, a la forme et les dimensions d'une canne ordinaire, et présente une grande résistance jointe à beaucoup de légèreté.

Nous croyons avoir mis la photographie à la portée de tous par la construction de cette chambre noire et la préparation du papier négatif sensible, se conservant indéfiniment. Nous évitons ainsi aux manipulateurs les ennuis et les écueils inhérents aux préparations toujours longues et minutieuses, tandis que par l'emploi de la chambre noire nous aurons réduit au *minimum* le bagage photographique. En outre, sa légèreté permet de la fixer dans les lieux inaccessibles à tout autre instrument.

L'emploi combiné de la chambre noire et du papier négatif est nécessairement appelé à rendre de grands services à l'amateur, au touriste et à tous les voyageurs photographes qui reculent devant les excursions à cause du bagage encombrant et de la tyrannie des opérations. Le développement qui, dans tous les procédés connus, doit suivre immédiatement la pose ou tout au moins être fait dans un délai relativement court, peut avec nos papiers être différé une année entière sans que le cliché perde rien de sa valeur.

## DESCRIPTION DE L'APPAREIL.

Il se compose :

1° Du *pied-canne*, formé de trois tubes en laiton rentrant l'un dans l'autre.

Pour l'installer, on démonte les trois tubes que l'on met côte à côte et on les lie au tiers de leur longueur avec un fort cordon faisant plusieurs tours sur le même point ; on écarte les tubes, dont la fraction la plus longue doit reposer sur le sol.

2° Du *support de la chambre*, composé de trois pièces glissant l'une sur l'autre et retenues par un boulon emprisonné dans les rainures des pièces.

Pour l'adapter au pied on dispose la pièce inférieure, ayant à chaque extrémité un cordon, en croix sur le deux autres, on la place sur le pied en faisant correspondre les échancrures des pièces avec les tubes ; on lie fortement au point de réunion avec les cordons attachés aux extrémités du support.

3° De la *chambre noire*, formée de deux cadres réunis par un manchon ou cône de cuir souple. Le cadre de l'arrière porte une rainure où doit glisser le châssis négatif.

On fait glisser (en hauteur ou en largeur selon la vue qu'on veut embrasser) les tenons des cadres dans les coulisses du support. Le plus grand des deux doit être de préférence placé dans la coulisse de l'arrière, près des cordons. Cela fait, on desserre l'écrou et on donne le développement à la chambre en écartant les deux cadres. Les pièces du support qui les portent doivent être exactement posées l'une sur l'autre. Après avoir resserré l'écrou, la chambre est prête à fonctionner.

Pour plus de facilité, on doit monter la chambre sur le support avant de le fixer au pied.

4° De *l'objectif*, tube renfermant le verre achromatique et les diaphragmes. Il est fermé à ses deux extrémités par des couvercles obturateurs, qui le mettent à l'abri de la poussière et du frottement.

On enlève les couvercles et on adapte le tube dans l'ouverture circulaire du petit cadre antérieur, où il glisse à frottement doux. La lentille doit regarder l'intérieur de la chambre, tandis que le diaphragme occupe la partie du tube qui regarde au dehors.

5° Du *châssis négatif*, renfermant le papier photographique qui doit recevoir l'impression lumineuse dans la chambre.

Un de ces châssis, percé à jour et garni d'un papier ciré, remplace le verre dépoli traditionnel, mais que notre système répudie pour la mise au point à cause de son poids.

6° D'une *tringle de bois*, portant une échancrure à chacune de ses extrémités; elle est destinée à maintenir le parallélisme des cadres et ainsi à assurer la parfaite netteté de l'image. — On la glisse entre les deux cadres et elle constitue la dernière opération préparatoire.

Le procédé à employer avec notre chambre noire de poche est le papier ciré sec, qui permet de supprimer au dehors le bagage photographique, ainsi que nous l'avons déjà dit. Il se conserve sensible des années entières sans rien perdre de ses propriétés. Il ne nécessite pas de variation dans le temps de pose, quelle que soit la date de sa préparation, ni une exactitude pour ainsi dire mathématique, comme dans les autres procédés secs ou humides. En outre, il donne une très-grande finesse, fournit des effets très-artistiques et permet le développement à n'importe quel moment après la pose.

## PROCÉDÉS OPÉRATOIRES ET MANIPULATIONS PHOTOGRAPHIQUES.

Les opérations pour la photographie sont de deux sortes : les unes ont trait au type à créer, autrement dit cliché ou simplement négatif, inverse de l'image réelle; les autres à la reproduction de ce type primitif à un nombre indéterminé d'exemplaires ayant tous la valeur réelle des tons du modèle.

C'est de la première de ces deux opérations dont nous allons nous occuper tout d'abord.

## PRODUCTION DE L'IMAGE NÉGATIVE.

La chambre étant établie comme il est dit précédemment, on glisse dans la rainure du cadre de l'arrière le châssis garni de papier ciré sur lequel on fait la mise au point, après s'être préalablement recouvert la tête d'un voile noir, dont une extrémité repose sur la chambre pour former obscurité sur le dessin et voir par transparence.

L'image apparaît renversée sur la feuille et plus ou moins nette; on donne plus de précision aux lignes du sujet en avançant ou reculant l'objectif par un léger mouvement de rotation, en le faisant glisser dans l'ouverture de la chambre.

Si l'image n'est pas parfaitement comprise dans le cadre, on peut monter ou descendre les côtés de la chambre, en faisant rouler les tubes dans les cordons qui les relient.

C'est là ce qui constitue l'opération de la mise au point. On ferme alors l'objectif avec l'un des obturateurs et l'appareil est prêt pour la pose.

Les papiers négatifs que nous employons jouissent d'avantages qui, jusqu'ici, n'avaient pu être réalisés.

Ils se conservent indéfiniment, donnent des images d'une pureté remarquable, sont extrêmement sensibles, en un mot jouissent des propriétés des meilleures préparations sur collodion sans en avoir les inconvénients.

Ils doivent être conservés dans l'obscurité la plus complète et ne voir le jour que dans la chambre noire.

Toutes les manipulations doivent être faites à la lumière d'une bougie ou à l'éclairage jaune du laboratoire.

On ne doit les toucher qu'avec les mains bien propres, sur les extrêmes bords, en évitant tout froissement qui produirait une cassure irréparable.

Le papier négatif ayant été découpé de la grandeur voulue et mis au châssis (ce qui doit être fait à l'avance et à l'obcurité), on procède à la pose.

On retire le châssis qui a servi à la mise au point, et on le remplace par celui qui porte le papier négatif; on fait doucement glisser le carton couvercle qui masque le papier, en retenant le châssis en place par une légère pression de l'ongle sur le bord extérieur.

Pour éviter que la lumière puisse pénétrer par les joints de la chambre, on en couvre la partie postérieure avec le voile noir qui a servi à la mise au point. Pour cela, on le plie en double sur sa ligne diagonale et on rattache les extrémités flottantes sous la chambre noire au tube qui lui est rattaché. On retire alors l'obturateur de l'objectif, et on laisse poser le temps jugé nécessaire selon l'intensité de la lumière.

Il est difficile de fixer exactement le temps de pose; il dépend, entre autres causes, de l'intensité de la lumière, de la longueur du foyer, du diamètre des diaphragmes, du plus ou moins de rayonnement des couleurs à reproduire, etc. ; 8 à 10 minutes doivent suffire dans la plupart des cas. L'expérience enseignera bien vite dans quelle proportion on doit modifier cette durée d'exposition. Vers la fin de la soirée la lumière étant jaune et peu photogénique, il faudra poser davantage.

Le temps de pose étant écoulé, on replace l'obturateur de l'objectif, on remet le couvercle du châssis négatif, on retire celui-ci de la coulisse, en évitant de le laisser trop longtemps exposé à la lumière du jour. On peut obtenir ainsi toute la série de clichés qu'on a projet de faire. On développe quand on est rentré chez soi.

## DÉVELOPPEMENT DES ÉPREUVES.

### *Bain de développement.*

| | |
|---|---|
| Eau distillée de préférence ou de pluie recueillie avec soin.............. | 100 grammes. |
| Acide citrique...................... | 5 — |
| Acide pyrogallique.................. | 2 — |

(Ce bain ne se conservant pas, n'en préparer que la quantité nécessaire pour l'opération.)

On en prend environ le volume d'un verre à liqueur qu'on verse dans une cuvette à fond plat. On immerge l'épreuve jusqu'à ce qu'elle soit parfaitement imbibée. Quand le papier est pénétré partout uniformément on le retire et on ajoute au bain quelques gouttes d'une solution d'azotate d'argent à 3 pour 0/0. On mélange en agitant continuellement.

L'image apparaît peu à peu, d'abord rougeâtre, et

acquiert de plus en plus de la vigueur. Si le bain prenait une couleur rousse, teinte de café, il faudrait le rejeter, laver l'épreuve à grande eau, et continuer l'opération dans une nouvelle fraction de bain propre, jusqu'à ce que les grands noirs de l'épreuve vue par transparence soient presque opaques.

Si le ciel seul apparaît fortement marqué, il y a manque de pose, il faut alors développer lentement, forcer la proportion d'acide pyrogallique et ajouter très-peu d'argent.

Si, au contraire, l'épreuve apparaît rapidement et semble trop uniforme, il y a trop de pose et il convient de diminuer la dose d'acide pyrogallique et d'augmenter celle de l'azotate d'argent et de l'acide citrique, et de précipiter le développement.

Retirer l'épreuve du bain chaque fois que l'on veut ajouter un nouveau réactif. Bien mélanger la solution avant de l'y replonger.

Le développement d'une épreuve peut durer de dix minutes à une demi-heure. Il y a dans cette opération un travail d'artiste, pour apprécier justement à quel point un cliché doit être poussé, pour donner plus tard une bonne épreuve positive.

Si l'épreuve a été trop roussie par un trop fort développement, on peut, jusqu'à un certain point, lui rendre sa transparence en l'immergeant pendant quelque temps dans un bain formé de mi-partie eau et acide chlorhydrique, puis laver à grande eau.

Quand l'image est arrivée au ton voulu, on la lave

et on l'immerge complétement dans un bain d'hyposulfite de soude à 20 0/0, jusqu'à ce que la teinte jaune vue par transparence ait complétement disparu. On lave de nouveau à grande eau pendant deux heures au moins, en renouvelant tous les quarts d'heure pour éliminer complétement les sels de soude qui, sans cela, pourraient amener la destruction du cliché dans un temps plus ou moins long.

Les opérations de fixage peuvent être faites à la lumière du jour dans un lieu peu éclairé. Cette opération étant terminée, l'épreuve peut alors subir l'action intense de la lumière.

On peut attendre le temps que l'on veut pour le fixage, en lavant les épreuves après le développement et les conservant à l'obscurité.

L'épreuve étant bien séchée, on l'approche d'un feu doux qui révivifie la cire et lui rend sa transparence.

La plus grande propreté devant présider à toutes les manipulations photographiques, il est bon de se laver les mains après chaque opération.

On devra aussi réserver une cuvette spéciale pour l'hyposulfite de soude; la moindre trace de ce sel dans les bains serait funeste aux opérations.

Après quelques développements dans la même cuvette, on remarquera que l'argent se précipite subitement sur les bords et que l'image ne prend pas d'intensité; on évitera cet inconvénient en lavant préalablement la cuvette dans l'obscurité avec de l'acide nitrique ou chlorhydrique qu'on y laisse séjourner quelque temps, et rinçant à l'eau claire.

Pour tous les bains où il entre de l'azotate d'argent,

on fera bien, pour éviter de se noircir les doigts, de se servir de pinces à papier en bois ou en corne.

Le développement des papiers impressionnés peut être retardé jusqu'au moment qu'on jugera propice pour cette opération, sans que l'épreuve perde rien de sa valeur.

En voyage, on peut emporter une provision de papier préparé et une douzaine de châssis négatifs. Après chaque excursion, on remplace les papiers sensibilisés qui ont été impressionnés par d'autres pour la plus prochaine excursion.

Si on veut développer de suite pour bien juger de son travail et y remédier au besoin, une assiette de faïence commune, que l'on trouve partout, est suffisante.

Les trois réactifs nécessaires sont emportés à l'état solide, le fixage pouvant être fait au retour.

### PRODUCTION DE L'IMAGE POSITIVE.

Au début du *Manuel opératoire*, nous avons dit que les opérations photographiques sont de deux sortes : la création du type ou cliché, et la reproduction à un nombre infini d'exemplaires de ce même type. Les manipulations que nous allons décrire ont trait à cette seconde série d'opérations.

L'impression des épreuves positives a lieu sur un papier spécial préparé au chlorure d'argent. Sans entrer dans le détail des opérations, nous dirons qu'on l'obtient en superposant le papier sensibilisé et le cliché, ce dernier placé directement sur la glace du châssis-presse, qu'on expose à l'action de la lumière.

Quand l'image est arrivée à point, ce dont on

s'assure en relevant de temps en temps le volet du châssis-presse, on la plonge dans un bain d'eau pure, qu'on renouvelle quand il a blanchi. Si l'eau se colorait d'une teinte de rouille, il faudrait se hâter de laver l'épreuve dans l'eau distillée. Au bout de dix minutes environ, on la relève, et après l'avoir laissé s'égoutter quelques instants, on l'immerge dans le bain de virage composé comme suit :

| | |
|---|---|
| Eau distillée.................................. | 1 litre. |
| Acétate de soude.............................. | 30 grammes. |
| Chlorure d'or.................................. | 1 — |

On abandonne ce mélange jusqu'à décoloration, ce qui a lieu dans les vingt-quatre heures, après quoi il est bon pour l'usage.

On peut remplacer la formule ci-dessus par toute autre, ou mieux par le virage Encausse ; mais, dans ce cas, il faut supprimer le lavage préalable.

L'épreuve dans le bain de virage est maintenue dans un état permanent de mouvement jusqu'à ce qu'elle soit arrivée à la teinte qu'on juge la meilleure ; à ce moment, on la plonge dans un bain d'hyposulfite de soude à 20 0/0, où elle doit séjourner de 10 à 15 minutes. Après cela, on lave à grande eau et on laisse tremper pendant douze heures au moins en renouvelant de temps en temps, car il est indispensable d'enlever toute trace d'hyposulfite, sinon la durée de l'épreuve serait compromise.

Les images lavées sont séchées par suspension ou entre deux buvards, puis montées sur bristol.

Les diverses opérations sont faites dans des cuvettes en faïence ou en gutta-percha.

Les bains de virage ou de fixage ne doivent servir qu'une fois.

Nous tenons à la disposition des amateurs qui ne voudraient pas s'imposer l'ennui de ces préparations, les divers papiers et solutions nécessaires.

Les épreuves positives peuvent être obtenues sur papiers préparés d'avance, papier mariotype F P, papier mariotype F, papier mixtionné coloré (procédé au charbon), papier sensibilisé au chlorure d'argent, etc., en se conformant à la méthode opératoire propre à chacun de ces procédés.

---

# PAPIERS ET ARTICLES DIVERS

## Pour l'usage des procédés mariotypes.

---

PAPIERS POSITIFS. Mixtionnés pour procédés au charbon.
Chlorurés pour sels d'argent.
— à l'arrow-root pour sels d'argent.

PAPIER NÉGATIF à l'iodure d'argent sensibilisé, se conservant sensible sans appareil spécial pour l'usage de la chambre, de poche, ou tout autre appareil à papier sec.

PAPIER MARIOTYPE A pour gravure à la pointe.
B, charbon direct pour reproduction en noir des dessins au trait.
C pour report sur pierre lithographique et reproduction de plans, gravures, écriture, etc.
D pour procédé encres grasses (tirage direct sur gélatine, — report sur pierre, — report sur cuivre ou zinc).
FP pour épreuves bleues.

PAPIER PELURE pour dessins transparents, pouvant servir de cliché.
— CALQUE — —
— SUPPORT pour procédé ordinaire au charbon par transport.
— ORDINAIRE pour encres grasses, procédés C D.
— PORCELAINE mat pour encres grasses, procédés C D.

## Produits chimiques.

ACÉTATE de soude fondu.
ACIDE azotique.
— acétique.
— chromique.
— citrique.
— pyrogallique.

ALUN en poudre.
AZOTATE d'argent.
CAOUTCHOUC liquide.
CHLORURE d'or.
COLLODION photographique.
BICHROMATE de potasse.
ENCRE TYPOGRAPHIQUE noire.
— sépia.
ENCRE LITHOGRAPHIQUE noire.
— sépia.
GOMME ARABIQUE.
HUILE DE LIN.
HYPOSULFITE de soude.
VIRAGE ENCAUSSE.

## Appareils et Accessoires.

ARDOISE ou glace doucie pour étaler l'encre.
APPAREIL DE POCHE pour papier sec.
CHASSIS-PRESSES ou châssis à positifs pour divers procédés.
CUVETTES zinc pour lavage et développement à l'eau chaude.
— porcelaine pour sensibilisation.
PHOTOMÈTRE.
GLACES DOUCIES pour étaler l'encre.
PIERRES LITHOGRAPHIQUES pour tirages par transport, procédé C
PLAQUES DE ZINC pour tirage D et mariotypie par pression.
PRESSE TYPOGRAPHIQUE pour encres grasses.
ROULEAUX ENCREURS lithographiques.
— typographiques.
RACLE en caoutchouc.
THERMOMÈTRE à eau chaude.

## PAPIER MARIOTYPE F. P. ET ARTICLES POUR SON EMPLOI.

PRIX :

| | |
|---|---|
| Le rouleau de 63 centim. de large sur 10 mèt. de long.. | **15** fr. » |
| — 57 — — .. | **12** fr. » |
| La main de 24 feuilles, 57 sur 44 centimètres....... | **15** fr. » |
| La feuille, — — ....... | **0** fr. 75 |
| 24 feuilles, 14 sur 22 centimètres, et instruction..... | **3** fr. » |

### Châssis pour exposition à la lumière avec glace épaisse.

| 11 sur 14 cent. | 15 sur 21 | 24 sur 30 | 30 sur 36 | 36 sur 45 |
|---|---|---|---|---|
| **5** fr. | **6** fr. | **10** fr. 50 | **15** fr. 75 | **21** fr. |

### Cuvettes en zinc pour lavage.

| 22 sur 28 cent. | 27 sur 34 | 31 sur 45 | 38 sur 56 |
|---|---|---|---|
| **2** fr. | **2** fr. 50 | **3** fr. 50 | **4** fr. 50 |

ET TOUTES MESURES SUR COMMANDE.

---

*Notre Catalogue général sera remis à toute personne qui nous en fera la demande.*

IMP. CENTRALE DES CHEMINS DE FER. — A. CHAIX ET C$^{ie}$, RUE BERGÈRE, 20, PARIS. — 13700-3

www.ingramcontent.com/pod-product-compliance
Ingram Content Group UK Ltd.
Pitfield, Milton Keynes, MK11 3LW, UK
UKHW020436180726
13839UKWH00004B/1511